AF410872

LA RÉVOLUTION RUSSE

ET LA PAIX

PAR

P.-G. LA CHESNAIS

Prix : **0 fr. 25**

PARIS

EN DÉPÔT A LA LIBRAIRIE DE L'HUMANITÉ

142, rue Montmartre, 142

1917

COMITÉ SOCIALISTE POUR LA PAIX DU DROIT

LA RÉVOLUTION RUSSE

ET LA PAIX

PAR

P.-G. LA CHESNAIS

PRIX : **0 fr. 25**

PARIS

EN DÉPÔT A LA LIBRAIRIE DE L'HUMANITÉ

142, rue Montmartre, 142

1917

LA RÉVOLUTION RUSSE
ET LA PAIX

La révolution russe — si, par la faute des révolutionnaires eux-mêmes, elle ne se résout pas en anarchie — aura été accomplie en deux actes. Le mouvement actuel est une suite du mouvement de 1905.

Alors, comme aujourd'hui ,la Russie était en guerre. Mais c'est précisément de cette apparente similitude que résultent les différences les plus essentielles entre les deux périodes de la révolution. En 1905, l'opinion russe était contre la guerre japonaise, et, dans les milieux libéraux aussi bien que dans les milieux socialistes, les « défaitistes » étaient nombreux. La guerre était un motif d'opposition contre le gouvernement tsariste qui s'ajoutait à tous les autres, et donnait une force et une extension nouvelles au désir d'un changement. En août 1914, tout au contraire, le gouvernement tsariste n'a pas été rendu responsable de la déclaration de guerre ; la nation toute entière, en un élan patriotique, a résolu d'ajourner les luttes de politique intérieure. Dans la séance solennelle du 8 août, le premier orateur qui répondit aux discours ministériels fut Kerensky, et il déclara, au nom du groupe travailliste : « Nous sommes convaincus que la grande force élémentaire contenue dans la démocratie russe, unie à d'autres forces, repoussera l'ennemi qui nous a attaqués, et défendra la patrie, et la civilisation créée par la sueur et le sang du peuple. »

Si l'on songe que les organisations révolutionnaires, très atteintes par l'échec final du mouvement de 1905, diminuées par les massacres, les déportations et les emprisonnements sans nombre, avaient cependant réussi à se reformer, si l'on songe qu'une révolution nouvelle était prête à éclater, et que les émeutes de Pétersbourg, dans les derniers jours de juillet 1914, qui paraissaient en être le prélude, se sont apaisées soudain, on comprendra que ce loyalisme de la nation, qui renonçait, dans l'intérêt de la défense nationale, à faire entendre sa voix, offrait au tsar et à la bureaucratie russe une occasion inespérée de se réhabiliter, et de consolider, pour une période peut-être longue, le régime menacé.

L'occasion ne fut pas saisie. L'infamie du gouvernement tsariste se signala sous la triple forme de l'incapacité, de la prévarication et de la trahison — non pas à titre de phénomènes trop fréquents chez les comparses, mais comme des vices atteignant les plus hauts sommets de la hiérarchie. Le peuple et l'armée furent lents à comprendre que là était l'explication des échecs russes. Mais la colère populaire fut d'autant plus vive que la guerre était conçue comme une guerre de défense nationale. Ainsi, la première cause directe du second acte de la révolution russe est l'impuissance et la mauvaise volonté de la bureaucratie à mener la guerre jusqu'à la victoire.

La seconde cause directe est l'attitude habile de la Douma. Son rôle était difficile. D'une part, sans se douter que le gouvernement pouvait aller jusqu'à la trahison, elle n'avait pas confiance en lui, elle connaissait son incurie et son indulgence pour les prévaricateurs. Elle ne le croyait guère capable ni de gagner la guerre, ni de conclure une paix sage. D'autre part, elle redoutait avec raison tous troubles qui auraient divisé la nation et l'armée, qui auraient pu fournir un prétexte à la conclusion d'une paix séparée, ou qui auraient permis à l'ennemi de remporter des avantages décisifs. Force était donc à la Douma d'offrir ses services pour une collaboration loyale avec des gouvernements qui lui inspiraient une confiance médiocre ou nulle. Mais elle sut faire cela en toute dignité, en réservant son droit de critique. Elle profita de ce que le tsar paraissait animé du sincère désir de mener sérieusement la guerre pour se mettre en opposition de plus en plus résolue contre les ministères, sans que cela pût être interprété comme une opposition au régime. Ainsi l'autorité de la Douma grandissait, et son renvoi devenait de plus en plus difficile.

Son action était facilitée par les relations étroites de ses membres les plus influents avec les Zemstvos et les municipalités qui, par suite de l'incurie de la bureaucratie, avaient dû et pu prendre une part croissante au travail de la défense nationale en ce qui concernait les services de santé et de ravitaillement, et même la fabrication des munitions. La Douma pénétrait ainsi l'administration, avec laquelle, jusqu'alors, elle avait été presque sans contact. Et cette situation nouvelle la mettait en mesure d'être informée sur les agissements des ministres.

Peu à peu, le haut commandement militaire, puis les officiers et les soldats, se rendirent compte que les lourdes fautes stratégiques et le désordre inouï des services étaient, à certains moments, le résultat d'un système, de volontés dirigeantes. L'armée en eut assez d'être trahie. La révolution, pour une grande part, a été une révolution militaire, ce qui ne veut pas dire militariste. Mais, ici encore, c'est le souci de la défense nationale, c'est l'intérêt de la guerre et de la victoire qui ont été déterminants. L'armée a donné tout son concours à la révolution parce qu'elle voulait se débarrasser des traîtres qui entravaient l'action militaire. Ceci est la troisième cause directe.

Enfin, l'incident précis qui a déclenché la révolution fut une émeute à Petrograd, le 9 mars, causée par la cherté et la rareté des vivres. Il serait curieux de savoir à quoi il faut attribuer cette rareté soudainement accrue, à laquelle a succédé non moins soudainement, quelques jours après le retour au régime de ravitaillement médiocre dont la population était habituée à se contenter. On est tenté de croire à une provocation. Mais le résultat fut que des cosaques refusèrent de charger la foule et fendirent le crâne d'un officier de police qui le leur ordonnait : c'était, dès le premier moment, le succès de la révolution assuré par la coopération des troupes.

On ne saurait exagérer l'importance de la guerre dans l'histoire de ce second acte de la révolution russe. C'est le sentiment de la nécessité de vaincre qui a fait le consentement universel au changement de régime, et qui a si totalement paralysé les forces de résistance. C'est cet accord universel qui a rendu la révolution possible, et qui l'a faite si peu sanglante.

Grâce à la guerre, il y a eu instantanément table rase. A cause de la guerre, les luttes politiques intérieures ne se sont pas déchaînées dans le pays. On laisse les organes centraux de la vie politique, à Petrograd, s'entendre amiablement entre eux, et la prodigieuse et dangereuse effervescence qui se serait inévitablement produite d'un bout à l'autre de l'immense Russie, si la révolution avait eu lieu en temps de paix, est réduite à une émotion relativement paisible, qui contraste avec la fièvre de Petrograd. C'est donc la guerre qui a déterminé le second acte de la révolution russe, et qui en a assuré le merveilleux succès, et c'est encore la guerre qui la protège contre le danger d'anarchie et assurera l'établissement d'une république stable, si de trop graves fautes ne sont pas commises dans la capitale.

Les socialistes trouveront sans doute que je fais bien petite la part des ouvriers dans le mouvement. Un soir, à mon groupe socialiste, j'ai entendu un historique des journées de mars. Le camarade concluait son exposé en disant : « C'est le peuple travailleur de toute la Russie, — ouvriers des grands centres urbains et soldats — qui a fait la révolution. Sans lui, le gouvernement du tsar serait encore debout. » Et il est vrai que, sans le soulèvement populaire des 9 et 10 mars, la révolution n'aurait pas éclaté, encore moins triomphé. La Douma, qui avait pratiqué une politique habile de loyalisme systématique, et par là préparé la révolution, a hésité devant le pas décisif. Mais la thèse de la révolution ouvrière fut contredite par un camarade russe, volontaire dans l'armée française, qui se trouvait en permission, et qui, depuis, est tombé en Champagne. Il dit que c'était, en réalité, une révolution bourgeoise, et qu'il convenait de ne pas se tromper sur son véritable caractère. Les paroles du camarade russe étonnèrent, ou même choquèrent plusieurs de ses auditeurs. Du moment que les ouvriers et les soldats de Petrograd avaient gagné la victoire des rues, la révolution n'était-elle pas le fait des ouvriers et des soldats ? Ceux qui pensaient ainsi oubliaient que la Bastille a bien été prise par les prolétaires, et que les « Trois glorieuses » de 1830 ont bien été gagnées par les ouvriers, mais que cela n'empêche pas les socialistes de considérer les révolutions de 1789 et de 1830 comme des révolutions bourgeoises.

La vérité est que la révolution russe des 9-15 mars a été une révolution politique, dont l'instrument principal a été l'armée, et qui a été faite dans l'intérêt de la guerre.

Le premier gouvernement provisoire

Mais, une fois la révolution faite, les forces ouvrières et socialistes apparurent tout de suite au premier plan et s'efforcèrent naturellement de tirer le meilleur parti possible de la situation. L'action qu'elles avaient exercée en 1905 et depuis leur donnait le droit de compter. Elles entraînèrent le Comité exécutif de la Douma plus loin, sans doute, qu'il n'eût voulu aller. Grâce à elles, l'établissement de la république paraît certain, une Constituante sera convoquée rapidement. Par l'intervention des socialistes, la position de tous les problèmes se trouvait modifiée.

Il existait à Petrograd, comme dans tous les centres industriels de Russie, un Conseil des délégués ouvriers — le Soviet — élu dans les usines à raison d'un délégué par mille ouvriers. Ce fut ce corps déjà constitué qui représenta la Russie révolutionnaire en face de la Russie libérale représentée par la Douma. Le Soviet joua ainsi un rôle assez analogue à celui que l'on a vu jouer plusieurs fois dans notre histoire par l'Hôtel de ville de Paris vis-à-vis du Corps législatif. Toutefois, afin de devenir plus réellement représentatif du peuple russe, et moins purement local, le Soviet ne tarda pas à s'adjoindre les délégués de l'armée, ceux de la garnison de Petrograd d'abord, puis de toute l'armée, à raison d'un délégué par bataillon. Le Soviet fut tout de suite une puissance.

Dès le 14 mars, avant même que fut formé, le même jour, le gouvernement provisoire, le Conseil des délégués ouvriers et soldats figure, à côté du nom de Rodzianko, président de la Douma, au bas d'un appel à la population. La dualité du gouvernement se trouvait ainsi établie. Ce fut par une entente entre les Comités exécutifs de la Douma et du Soviet que le ministère Lvov fut constitué — entente qui fut approuvée en séance plénière du Soviet à la majorité de plusieurs centaines de voix contre quinze.

L'accord semblait donc parfait. Le Soviet paraissait presque unanime. Kerensky entrait au ministère et devait servir d'agent de liaison entre le gouvernement provisoire et le Conseil des délégués. Kerensky : son nom, déjà très populaire, était tout un programme. Les socialistes savaient qu'ils pouvaient compter sur lui pour obtenir une organisation vraiment démocratique, et pour les soutenir dans leurs revendications sociales. Mais ils savaient aussi qu'il entendait pousser la guerre jusqu'à la victoire. Il semblait donc bien que la conduite de la guerre allait profiter de la révolution qui avait été faite, en effet, dans l'intérêt de la guerre.

Mais il apparut très vite que des influences s'exerçaient dans les milieux ouvriers, et parmi les membres du Soviet, dans le sens d'une paix séparée. Il ne semble pas que cette idée ait jamais pris vraiment corps. Mais des discussions confuses montrèrent un dissentiment croissant entre le Soviet et le gouvernement provisoire au sujet de la manière dont la paix devait être conçue. Une méfiance se répandit peu à peu, particulièrement contre le ministre des Affaires étrangères, Milioukov, que l'on accusait de visées impérialistes. La crainte de mener la guerre à une conclusion qui ne serait pas juste domina tellement les esprits, qu'il fut question uniquement de la paix future, et que la guerre fut oubliée. On sait qu'en pratique, il en résulta la trêve qui dure depuis trois mois.

Cependant, à ne voir que les actes officiels du gouvernement provisoire, il y avait, sur les buts de paix, accord complet entre lui et le Conseil des délégués ouvriers et soldats. Tout autant que le Soviet, du moins, le gouvernement déclarait rompre avec la politique traditionnelle d'expansion. Le 17 mars, Milioukov adressait aux représentants de la Russie à l'étranger un télégramme où il définissait ainsi la politique extérieure nouvelle :

« ... Dans le domaine de la politique extérieure, le cabinet dans lequel je me suis chargé du portefeuille des Affaires étrangères restera respectueux des engagements internationaux assumés par le régime déchu et fera honneur à la parole de la Russie. Nous cultiverons soigneusement les rapports qui nous unissent aux autres nations alliées et amies, et nous avons confiance que ces relations deviendront encore plus intimes et plus solides sous le nouveau régime établi en Russie, qui est décidé à se guider sur les principes démocratiques du respect dû aux peuples, petits et grands, et de la liberté de leur développement, de la bonne entente entre les nations.

« Mais le gouvernement ne saurait oublier un seul instant les graves circonstances extérieures dans lesquelles il assume le pouvoir.

« La Russie n'a pas voulu la guerre qui ensanglante le monde depuis bientôt trois ans, mais, victime d'une agression préméditée, préparée de longue date, elle continuera, comme par le passé, à lutter contre l'esprit de conquête d'une race de proie, qui s'imagine pouvoir établir au-dessus de ses voisins une hégémonie intolérable et faire subir à l'Europe du vingtième siècle la honte de la domination du militarisme prussien.

« Fidèle au pacte qui l'unit indissolublement à ses glorieux alliés, la Russie est décidée, comme eux, à assurer à tout prix au monde une ère de paix entre les peuples, sur la base d'une organisation nationale stable, garantissant le respect du Droit et de la Justice. Elle combattra à leurs côtés l'ennemi commun jusqu'au bout, sans trêve ni défaillance. »

Le « respect des engagements internationaux assumés par le régime déchu » pouvait bien troubler certains socialistes, et l'expression « race de proie » n'aurait certainement pas été employée par eux. Mais ils n'auraient pu exiger, à côté de la réprobation de l'esprit de conquête des empires centraux, une plus nette répudiation du même esprit au nom de la Russie nouvelle.

Mais quelques jours plus tard, dans une interview, Milioukov déclarait : « Le changement de gouvernement n'a pas modifié nos aspirations. Nous désirons plus que jamais la possession de Constantinople, qui est indispensable à notre liberté économique. Nous voulons la libération des nationalités opprimées d'Autriche-Hongrie, etc... »

Kerensky répliqua aussitôt dans une autre interview : « Dans le domaine de la politique internationale, je suis partisan de l'internationalisation de Constantinople, de l'indépendance de la Pologne, et de l'autonomie de l'Arménie sous la protection russe ».

L'accusation d'impérialisme visait personnellement Milioukov, et tenait uniquement à ses prétentions sur Constantinople, par lesquelles il semblait prendre la suite de la tradition tsariste. Pour tout le reste, c'était bien le droit des peuples, petits et grands, qu'il entendait réaliser. Il fallait une malveillance un peu voulue pour condamner aussi sommairement la phrase de Milioukov. D'une part, en effet, il est vrai que la liberté des détroits est indispensable à la vie économique de la Russie, et que cette nécessité justifie des mesures exceptionnelles. D'autre part, il n'y a pas contradiction entre le droit des peuples et la possession de Constantinople par la Russie, puisqu'aucune nationalité ne peut prétendre à des droits certains sur cette ville. Ces deux points sont tellement évidents que Kerensky tient compte de l'un et de l'autre, et propose, lui aussi, une solution exceptionnelle, et qui n'est pas une application simple du droit des peuples.

Pourquoi n'accuserait-on pas Kerensky d'impérialisme, puisqu'il songe à « l'autonomie de l'Arménie sous la protection russe », ce qui suppose l'annexion de territoires turcs ? Et cependant, si les Arméniens jugent ne pouvoir se gouverner en toute indépendance, c'est évidemment, pour eux, la solution désirable.

L'essentiel, c'était l'accord du gouvernement provisoire tout entier pour dire que la guerre devait fonder le droit des peuples, grands et petits. On peut seulement regretter que l'idée de la Société des nations n'ait pas été plus clairement indiquée.

Et les actes suivaient les paroles sans tarder. Une semaine n'était pas écoulée depuis sa formation, que le gouvernement provisoire, le 21 mars, publiait déjà un manifeste rétablissant la constitution finlandaise, et la Finlande jouit maintenant de la plus entière autonomie. Les restrictions à l'égalité civique des Juifs sont abrogées. D'autres problèmes nationaux sont à l'étude, et nulle part on n'a entendu des « allogènes » de Russie se plaindre du gouvernement provisoire. Tout cela était considéré comme allant de soi. Mais le grand acte a été la proclamation du 30 mars, signée par tous les ministres, au sujet de la Pologne. Car il ne s'agissait plus, en ce cas, d'autonomie, mais de formation d'un nouvel Etat souverain, constitué, pour la plus grande part, aux dépens du territoire de l'Etat russe actuel. Il n'y a pourtant aucune réticence dans ce texte :

« Fidèle à l'accord avec les alliés, fidèle au plan commun

de lutte contre le germanisme militant, le gouvernement provisoire considère la création d'un Etat polonais indépendant, fort de tous les territoires où la majorité de la population est polonaise, comme un gage sûr de paix durable dans la future Europe rénovée.

« Attaché à la Russie par une union militaire libre, l'Etat polonais sera un rempart solide contre la pression des puissances centrales sur les nations slaves. Le peuple polonais libéré et unifié déterminera lui-même son régime gouvernemental en exprimant sa volonté par une Assemblée constituante convoquée dans la capitale de la Pologne. Par une vie commune le peuple polonais recevra ainsi une garantie solide de son existence civique et nationale.

« L'Assemblée constituante russe devra consolider définitivement la nouvelle union fraternelle et donner son consentement aux modifications de territoires de l'Etat russe indispensables pour la formation de la Pologne libre par l'union de toutes ses trois parties cruellement séparées. »

Il était difficile d'exiger du gouvernement provisoire une preuve plus décisive. Il n'était certes pas impérialiste. Son acte, absolument nouveau, unique dans l'histoire, était inspiré par la même générosité de sentiments que manifesta la Convention par ses scrupules, lorsqu'elle hésita devant la demande des Allobroges, qui réclamaient leur réunion à la France.

Le 9 avril, le gouvernement provisoire adressait au peuple russe, sous la signature du prince Lvov, président du Conseil, une proclamation où il disait :

« Laissant à la volonté du peuple, dans l'étroite union avec nos alliés, de décider définitivement de toutes les questions ayant trait à la guerre mondiale et à son achèvement, le gouvernement provisoire croit de son droit et devoir de déclarer dès à présent que la Russie libre n'a pas pour but de dominer les autres peuples, de leur enlever leur patrimoine national, d'occuper de force les territoires étrangers, mais d'établir une paix solide ayant pour base le droit des peuples de disposer de leur sort. Le peuple russe ne convoite pas le renforcement de sa puissance extérieure aux dépens des autres peuples ; il n'a pour but ni de subjuguer ni de rabaisser quiconque. Au nom des principes supérieurs d'équité, il a enlevé les chaînes qui pesaient sur le peuple polonais. Mais le peuple russe n'admettra pas que sa patrie sorte rabaissée de la grande lutte et ébranlée dans ses forces vitales. Ces principes constitueront la base de la politique extérieure du gouvernement provisoire qui exécute infailliblement la volonté populaire, sauvegarde les droits de notre patrie tout en observant les engagements pris envers nos alliés. »

On pourra penser que ce passage de la proclamation était inutile, puisqu'il ne faisait que confirmer les idées exprimées déjà dans la note diplomatique du 17 mars. La meilleure confirmation ne devait-elle pas consister dans les actes du gouvernement, et ne s'était-il pas conformé strictement, sans réserve et sans retard, aux principes qu'il avait énoncés ? Cependant, cela ne suffit pas au Conseil des délégués ouvriers et soldats. Il réclama une déclaration nouvelle, et ce fut sous sa pression que fut rédigé le texte du 9 avril. Ce texte fut bien accueilli, et il put sembler, un moment, que l'accord entre le gouvernement et le Soviet devenait plus réel et plus confiant.

Cette impression ne dura guère. Les membres du Soviet qui avaient provoqué la rédaction de ce document, et qui en étaient satisfaits, jugèrent qu'il prendrait seulement toute sa valeur s'il était officiellement communiqué aux gouvernements étrangers. Ce qui fut fait le 1er mai. Seulement Milioukov y joignit la note explicative suivante, qu'il chargeait les représentants de la Russie de remettre aux gouvernements alliés :

« Le gouvernement provisoire de la Russie a promulgué le 27 mars (9 avril) un manifeste aux citoyens, dans lequel il a exposé les vues du gouvernement de la Russie libre sur les buts de la guerre actuelle. Le ministre des Affaires étrangères me charge de vous communiquer ledit document et de l'accompagner des considérations ci-dessous.

« Nos ennemis se sont efforcés dernièrement de semer la discorde entre les alliés en propageant des nouvelles insensées sur une prétendue intention de la Russie de conclure une paix séparée avec les monarchies du centre. Le texte du document ci-joint réfutera parfaitement de pareilles intentions. Les principes généraux qui y sont énoncés par le gouvernement provisoire concordent entièrement avec les idées élevées qui ont été constamment proclamées jusqu'à ces tout derniers temps par les hommes d'état éminents des pays alliés. Ces principes ont trouvé aussi une expression lumineuse dans les paroles du président de notre nouvelle alliée, la grande République d'outre-mer. Le gouvernement de l'ancien régime de la Russie ne se trouvait certes pas en mesure de se pénétrer de ces idées sur le caractère libérateur de la guerre, sur la création d'une base stable pour la coopération pacifique des peuples, sur la liberté des nations opprimées, etc..., et de les partager. Mais la Russie affranchie peut actuellement tenir un langage qui sera compris par les démocraties modernes et s'empresse de joindre sa voix à celle de ses alliés.

« Pénétrées de ce souffle nouveau de la démocratie libérée, les déclarations du gouvernement provisoire ne peuvent naturellement donner le moindre prétexte pour en déduire que l'écroulement de l'ancien édifice ait entraîné un amoindrissement de la part de la Russie dans la lutte commune de tous les alliés.

« Bien au contraire, la volonté nationale de mener la guerre mondiale jusqu'à la victoire décisive est encore accentuée, grâce à ce sentiment de responsabilité qui incombe aujourd'hui à tous ensemble, et à chacun en particulier.

« Cette tendance est devenue encore plus active par le fait même qu'elle se trouve concentrée sur une tâche immédiate et qui tient de si près à tout le monde, notamment de refouler l'ennemi qui a envahi le territoire de notre patrie.

« Il reste entendu, et le document ci-joint le dit expressément, que le gouvernement provisoire, en sauvegardant les droits acquis de sa patrie, restera strictement respectueux des engagements assumés vis-à-vis des alliés de la Russie.

« Fermement convaincu de l'issue victorieuse de la guerre actuelle, en parfait accord avec ses alliés, le gouvernement provisoire est tout aussi assuré que les problèmes qui ont été soulevés par cette guerre seront résolus dans le sens de la création d'une base stable pour une paix durable et que, pénétrée de tendances identiques, les démocraties alliées trouveront le moyen d'obtenir les garanties et les sanctions nécessaires pour prévenir dans l'avenir le retour de conflits sanglants. »

Cette note explicative ne plut pas au Soviet. Au contraire, une hostilité plus vive contre le gouvernement provisoire, et particulièrement contre Milioukov, ministre des Affaires étrangères, se manifesta dans l'assemblée et même dans la rue. Lvov déclara que le gouvernement provisoire était solidairement responsable de la note. Invité à se rendre à la réunion du Conseil des ouvriers, il accepta seulement une conférence entre le gouvernement provisoire et le Comité exécutif du Soviet, conférence qui eut lieu dans la nuit du 3 au 4.

Qu'y avait-il donc, dans la note explicative, qui choquât tellement les socialistes ? Il y avait d'abord les mots « garanties et sanctions », dont le vague leur paraissait inquiétant. Terestchenko, ministre des Finances (aujourd'hui des Affaires étrangères) leur expliqua que ces mots avaient, dans la pensée du gouvernement provisoire, le même sens que leur donna dans sa note à l'Allemagne le gouvernement américain, et il semble que les membres du Comité exécutif aient été satisfaits de cette explication. Et il y avait aussi les mots « victoire décisive ». Ils se rappelaient peut-être la « paix sans victoire » dont parlait le président Wilson en novembre. Évidemment, tout ce qui avait une allure belliqueuse les gênait.

Une nouvelle note aux puissances alliées fut demandée, mais refusée. Mais on suggéra une note à l'usage du peuple russe, explicative du commentaire envoyé aux puissances pour accompagner la proclamation du 9 avril, et cette manière d'aplanir les difficultés fut acceptée. La note communiquée au Comité exécutif fut approuvée par 34 voix contre 19, et l'incident fut considéré comme clos.

La note était ainsi conçue :

« Devant les doutes qui surgirent sur l'interprétation de la note du ministre des Affaires étrangères qui accompagnait la communication aux gouvernements alliés et la déclaration du gouvernement provisoire du 9 avril sur les buts de guerre, le gouvernement provisoire croit nécessaire d'expliquer :

« 1° Que la note fut l'objet d'un examen long et détaillé de la part du gouvernement provisoire, et qu'elle fut adoptée à l'unanimité ;

« 2° Qu'il est évident que cette note parlant de victoire décisive a en vue la solution des problèmes signalés dans la déclaration du 9 avril et qui furent exposés dans les termes suivants :

(Suivait le passage principal de la note du 9 avril).

« 3° Par l'expression « sanctions et garanties » d'une paix durable, le gouvernement provisoire entend la limitation des armements, l'institution d'un tribunal international, etc... »

Le gouvernement maintenait donc tout ce qu'il avait dit. Ses explications ne pouvaient être prises pour des rectifications. Elles étaient acceptées, parce que le Soviet ne voulait pas aggraver la crise, et ne pouvait avoir la pensée de renverser le ministère. Mais la crise avait montré le danger de la dualité gouvernementale, et ce fut le ministère lui-même qui demanda au Soviet de prendre une part de responsabilité plus étendue dans la direction des affaires par l'introduction de plusieurs ministres socialistes dans un gouvernement provisoire nouveau. On sait que ce plan aboutit le 18 mai.

La pensée du premier gouvernement provisoire résulte très clairement de l'ensemble des textes précédents, qui jamais ne se contredisent et ne prêtent pas à équivoque. Cette pensée a un aspect négatif et un aspect positif. L'aspect négatif, c'est, pour le compte de la Russie, la répudiation sans réserve de l'ancienne politique tsariste d'expansion. La Russie nouvelle ne veut pas faire de conquêtes. Elle va même plus loin : elle renonce spontanément à des conquêtes anciennes. L'aspect positif, c'est la reconnaissance du droit de tous les peuples, petits et grands, à disposer d'eux-mêmes, c'est la volonté d'aider les peuples à conquérir leur liberté, afin de parvenir ainsi à une paix durable et à une organisation stable de la vie internationale, et c'est, enfin, la nécessité de la victoire militaire pour atteindre ces résultats.

Les résolutions du Soviet

Mais cette pensée n'est pas exprimée totalement dans chacun des documents. Et c'est ce qui permet de préciser en quoi a consisté le désaccord entre le Soviet et le gouvernement provisoire. La proclamation du 9 avril est le seul texte officiel qui a obtenu l'approbation universelle. On n'y voit que l'aspect négatif. La Russie ne veut plus être conquérante. Malheureusement, si nous sommes ainsi renseignés sur ce qu'elle ne veut pas, nous le sommes très mal sur ce qu'elle veut.

Il est vrai que les autres documents ont été acceptés au moins par la majorité du Soviet, puisque celui du 17 mars n'a provoqué aucune crise, et la crise causée par celui du 1er mai a été conjurée le 4 mai moyennant une pure concession de forme de la part du gouvernement provisoire. Il y avait donc consentement aux idées formulées par le gouvernement provisoire, même en ce qui concerne leur côté positif, mais c'était là une sorte de consentement vague, évasif.

Ceci est singulier. Comment une opinion plus ferme n'a-t-elle pas pu se dégager dans la majorité du Soviet, en présence de si hauts problèmes ? Il s'agit de savoir si la Russie veut contribuer non seulement à l'indépendance ou à l'autonomie des nationalités qui occupent des parties de son territoire, mais à la libération des Tchéco-Slovaques, des Roumains de Hongrie, des Ruthènes de Galicie, et de tant d'autres nations opprimées. Il s'agit de savoir si la Russie veut contribuer à l'établissement d'un régime juridique pour les relations entre les états vraiment nationaux, et rendre ainsi possible une paix de sécurité internationale. Il s'agit de savoir si la Russie a compris que les Empires centraux lutteront jusqu'à l'épuisement contre toute réalisation du droit des peuples et du pacifisme organisé. Il s'agit de savoir, enfin, si la Russie veut apporter son concours à la victoire, qui est nécessaire pour cette transformation prodigieuse du monde. Comment le Conseil des délégués ouvriers et soldats peut-il être hésitant, lorsque se posent de pareilles questions ? Comment, devant un gouvernement provisoire qui avait pris parti, qui voulait entraîner la Russie à la guerre pour la liberté des peuples, a-t-il pu prendre une attitude incertaine, et accepter les formules proposées, sans les soutenir énergiquement ?

On comprendrait la majorité du Soviet, s'il avait dit : « Ce rêve est beau, et c'est bien le nôtre, mais c'est *encore une utopie.* » Il aurait alors rejeté les formules du gouvernement provisoire. Cela se comprendrait. Cela ne laisserait pas que d'être assez étrange. Car on verrait alors un gouvernement bourgeois qui aurait pris en mains une cause socialiste désertée par les socialistes.

Mais laisser dire au gouvernement provisoire qu'il était « décidé à assurer à tout prix au monde une ère de paix entre les peuples, sur la base d'une organisation nationale stable, garantissant le respect du Droit et de la Justice », et ne pas soutenir ensuite ce gouvernement avec un dévouement passionné, le blâmer même, lorsqu'il a parlé de « victoire décisive », cela est contradictoire et absurde.

Il est naturellement très difficile d'analyser cette contradiction. Il y a dans le Soviet des courants d'opinion divers, et des fluctuations. Il y a aussi des influences qui s'exercent, et notamment des influences policières. Le journal *Pravda*, par exemple, fit dès les premiers jours une propagande pour la paix immédiate. Mais Bourtsev, chargé d'étudier les dossiers de la police, put bientôt dénoncer le directeur comme un agent provocateur au service de l'ancien régime. Les agents allemands aussi ont été nombreux, et encore plus difficiles à déceler. Si, d'ailleurs, l'Allemagne a envoyé des espions et des agents provocateurs, elle a surtout agi par d'autres moyens. Elle a ménagé la révolution russe, et s'est bien gardée de toute opération militaire qui aurait refait contre elle l'unité du mouvement révolutionnaire. Une seule fois, le 4 avril, dans l'affaire du Stokhod, elle a surpris des troupes russes en mauvaise posture devant le fleuve, et deux régiments ont été presque anéantis. La fermeté des soldats russes dans leur résistance vaine et désespérée a montré que, malgré les désertions nombreuses et le relâchement de la discipline, il ne fallait pas compter sur des succès militaires faciles contre le front oriental. Depuis lors, c'est la trêve. L'Allemagne évite tout ce qui pourrait rappeler aux Russes qu'ils sont en guerre. Elle se donne l'allure la moins ambitieuse et la plus pacifique qu'elle peut. « Pas d'annexions, pas d'indemnités » est la formule de son alliée l'Autriche, et elle semble par moments la faire sienne. Elle a, par le rescrit de Guillaume II, essayé de se montrer disposée à une évolution démocratique. Et les social-démocrates allemands sont toujours prêts à interpréter les actes et les intentions du gouvernement impérial dans le sens le plus favorable à la paix allemande. Parmi les socialistes russes eux-mêmes, un grand nombre, habitués à considérer le parti social-démocrate comme le parti modèle et détenteur de la vraie doctrine, inconscients de la déviation qu'il a subie, se faisaient spontanément les propagateurs de tous les bruits et de toutes les interprétations les plus favorables à l'Allemagne.

Je ne m'occuperai pas ici des extrémistes. Ils sont, en somme, très peu nombreux. Le gouvernement provisoire aurait été très solide, s'il n'avait eu qu'eux contre lui. Mais il ne faut pas oublier un instant leur action, et celle des Allemands, et celle des socialistes russes de mentalité germanique moderne (ce qui est loin de signifier marxiste), lorsque l'on cherche à saisir la pensée de la majorité du Conseil des délégués ouvriers et soldats. Il faut songer que chez les Russes le scrupule devient fréquemment une maladie, comme le montre toute leur littérature. Réduits par l'inaction militaire à la réflexion sur la guerre et sur la paix, ils sont naturellement disposés à écouter avec bienveillance tout plaidoyer en faveur de l'ennemi, précisément parce qu'il est l'ennemi.

Et puis, il ne faut pas oublier que le Conseil est, en somme, un congrès permanent de parti et que, dans une telle assemblée, il est habituel que les chefs de la majorité déforment l'expression de leur pensée pour y introduire quelque chose des formules adoptées par leurs adversaires.

Voyons la série des déclarations du Soviet, telles que nous les connaissons, sur la paix et la guerre.

Il est curieux d'observer que les questions de la guerre et de la paix ne semblaient pas intéresser beaucoup le Soviet, lorsqu'il était encore seulement Conseil des délégués ouvriers. Une proclamation fut en effet rédigée aussitôt après la constitution du gouvernement provisoire pour approuver l'entrée de Kerensky au ministère, et dire à quelles conditions cette entrée, et l'adhésion du Conseil au gouvernement provisoire, étaient consenties. Il n'y a pas un mot, dans ce document, ni sur la guerre, ni sur la paix. Il y est bien question du droit des peuples, mais la phrase concerne, comme tout le reste de la proclamation, uniquement les affaires intérieures russes : « à condition... que dans le programme du gouvernement provisoire sera introduit un passage stipulant que toutes les nationalités de l'Empire pourront elles-mêmes définir leur nationalité et développer librement leur culture. »

Les jours suivants, on parle, d'une part, de paix séparée, d'entente avec l'Allemagne et, d'autre part, de guerre « jusqu'au bout ». On rappelle que la révolution a été faite parce que l'ancien régime empêchait que la guerre fût menée vigoureusement. Le Soviet, réuni en séance plénière le 27 mars, vote le manifeste « aux nations du monde » :

« Nous estimons que le moment est venu, où les peuples du monde ont à résoudre eux-mêmes le grand problème de la paix et de la guerre. La démocratie russe, consciente de sa force née de la révolution, en appelle à tous les pays du monde. Nous nous adressons plus particulièrement à nos frères de la coalition austro-allemande, et plus spécialement aux prolétaires allemands, et nous leur disons : « Depuis le premier jour de la guerre, on ne cessait de vous répéter qu'en levant vos armes contre l'absolutisme russe vous défendiez la civilisation de l'Europe contre le despotisme asiatique. Plusieurs d'entre vous ont accordé créance à cette devise, mais à présent elle n'existe plus, car la démocratie russe ne peut constituer une menace pour la civilisation : au contraire, elle défendra de toutes ses forces sa liberté à elle et celle des autres ; elle défendra sa liberté en luttant aussi bien contre les ennemis de l'intérieur que contre ceux du dehors. La révolution russe ne cédera pas devant les baïonnettes des conquérants, et elle ne permettra pas qu'on l'écrase par la force militaire extérieure. »

« En parlant aux Allemands, nous ne mettons pas bas les armes et, avant de parler paix, nous proposons aux Allemands de nous imiter et de renverser Guillaume II qui a déchaîné la guerre. Si les Allemands se détournent de notre appel, nous lutterons jusqu'à la dernière goutte de notre sang. »

Nous n'avons que ce passage du manifeste « aux nations du monde ». On y voit une sorte d'orgueil naïf, et très naturel, d'avoir fait la révolution. Les socialistes russes se considèrent un peu comme les arbitres de la situation. Ils vont commencer une nouvelle période de la guerre. Et, avant de la commencer, ils se tournent vers les socialistes allemands, en leur proposant de les imiter. C'était habile, et la réponse négative assez gauche du parti allemand fut de nature à détruire les illusions de bien des socialistes russes. Mais on ne voit pas là une conception de ce que doit être la paix.

Le 12 avril, au Congrès général des conseils de délégués ouvriers et soldats, Tseretelli, ancien député à la seconde Douma, revenu de Sibérie, proposa une motion où il disait :

« Le peuple révolutionnaire russe continuera ses efforts en vue d'une paix sur les bases de fraternité et de l'égalité des peuples libres.

« Tant que ces conditions ne seront pas réalisées, tant que la guerre continuera, la démocratie russe reconnaît qu'un changement d'attitude, un affaiblissement de sa force et de sa résistance serait un coup des plus désastreux pour la cause de la liberté.

« Par conséquent, le Congrès des conseils des délégués ouvriers et militaires fait appel à la démocratie russe en vue de la mobilisation de toutes les forces vivantes du pays, dans toutes les branches de la vie populaire, afin de renforcer au front et à l'arrière ce qu'exige impérieusement le moment actuel pour le succès de la grande révolution. »

Cette motion était présentée au nom du Comité exécutif du Soviet de Petrograd. Elle fut votée à la majorité de 325 voix contre 55. Mais elle avait subi l'amendement suivant :

« Le peuple révolutionnaire de Russie continuera ses efforts pour amener la paix sur la base de la fraternité et de l'égalité des nations libres.

« Le renoncement officiel de tous les gouvernements aux programmes d'expansion territoriale est un des puissants moyens pour faire cesser la guerre. Mais tant que ces conditions ne sont pas réalisées, tant que la guerre continue, la démocratie russe reconnaît que la désorganisation de l'armée et l'affaiblissement de sa combativité seraient un coup mortel à la cause de la liberté et aux intérêts vitaux du pays. »

Ceci est très caractéristique. « Mener la guerre » serait une expression malsonnante. Cela s'appelle « efforts pour amener la paix ». Et la motion ainsi présentée prudemment est votée, mais avec un amendement où apparaît pour la première fois une idée précise sur des conditions de paix qui ne concernent pas uniquement la Russie. On propose que, à l'exemple de la Russie, tous les gouvernements renoncent aux programmes d'expansion territoriale. C'est leur formule que les socialistes russes veulent appliquer aux autres, sans examiner si elle leur convient. Ils ne réfléchissent pas qu'il n'existe presque aucun pays d'Europe qui ait tous ses nationaux sur son propre territoire. Ils ne songent pas qu'eux-mêmes ont une revendication nationale légitime à faire valoir sur la partie ruthène de la Galicie, ce qui intéresse, tout au moins, les Petits-Russiens. Leur sensibilité nationale est peu vive, ce qui s'explique par leur longue servitude et par l'immensité de ce grand corps amorphe qu'est la Russie. S'ils avaient parlé d'expansion territoriale *ayant le caractère de conquête*, ce serait bien, et ils seraient d'accord avec tous les partis socialistes sains pour profiter de l'intervention américaine et de la révolution russe, afin de parvenir à une paix plus juste et par conséquent plus solide. Mais ils ne connaissent que le cas de la Russie, où toute annexion, en effet, rappelle fatalement l'esprit de conquête du tsarisme.

Et, d'autre part, l'amendement, ainsi que l'appel aux nations du monde, montrent le désir de faire cesser la guerre par des conversations. Certes, il serait hautement désirable que cela fût possible. Mais il est déconcertant de voir des hommes qui ont, en un moment si grave de l'histoire humaine, une responsabilité peut-être décisive, assez enfants pour méconnaître toute réalité et se nourrir de pareilles illusions.

Leur illusion était double. D'abord, ils croyaient à la bonne foi et à l'esprit socialiste de la social-démocratie allemande. Sur ce point, ils ont peu à peu modifié leur sentiment. La réponse assez gauche à l'appel où les Russes proposaient leur révolution en exemple, paraît y avoir beaucoup contribué, ainsi que l'action des agents provocateurs, toutes les fois qu'elle devenait visible.

Mais la pire illusion venait de l'extase révolutionnaire où l'admiration du grand acte accompli par eux a mis la masse des ouvriers et des soldats russes. Il leur semble qu'une nouvelle ère de l'histoire du monde date des journées de mars, que l'on doit faire table rase de tout ce qui a précédé, qu'ils ont changé l'humanité entière comme par un coup de baguette magique, et qu'il leur appartient, à eux, les auteurs du grand acte, de guider les hommes dans la voie nouvelle.

Ils oublient que d'autres grands actes analogues ont précédé celui-là. Ils s'abusent en croyant qu'ils ont fait, ou qu'ils peuvent faire, une « révolution socialiste ». Ils ne se rendent pas compte, surtout, que les journées de mars ont été une promesse, un commencement, mais que rien n'est réalisé encore, que rien n'est vraiment acquis et sûr. Ils ne voient pas l'anarchie qui les menace, et qui est le seul chemin par où le tsarisme peut revenir. Ils ne sentent pas que l'Allemagne guette leurs fautes et même dirige leur pensée, car elle exploite leur inexpérience, leur générosité naturelle, leur esprit de scrupule. Elle les ménage, et attend l'heure d'intervenir. La révolution est en danger. Les révolutionnaires l'ont compromise.

A l'action — il est grand temps — pour la sauver. Mais l'action essentielle, aujourd'hui, c'est la guerre.

On écartait bien l'idée de paix séparée, mais on laissait l'armée se désorganiser, et le Soviet ne menait la guerre que contre le gouvernement provisoire. On a vu que celui-ci avait été contraint à envoyer aux gouvernements alliés, le 1er mai, la note du 9 avril, à laquelle il ajouta une note explicative. Aussitôt le Soviet protestait contre la note explicative et obtenait la nouvelle note que l'on a lue plus haut. Voici en quels termes la résolution votée par le Soviet se félicitait du résultat :

« Le Conseil des délégués ouvriers et militaires félicite chaleureusement la démocratie révolutionnaire de Petrograd dont les meetings, les résolutions et les manifestations ont attesté son attention intense à l'égard des questions de politique étrangère et son inquiétude que cette politique ne dévie vers l'impérialisme usurpateur du vieux régime.

« En effet, la note du ministre des Affaires étrangères offrait bien des raisons à ladite inquiétude. Le gouvernement provisoire a accompli un acte que le Comité exécutif réclamait depuis longtemps et a notifié aux gouvernements alliés le texte de sa déclaration du 27 mars relative au renoncement à une politique de conquêtes. Par cet acte, le gouvernement a mis les États alliés dans la nécessité de se prononcer devant leurs démocraties respectives et devant celles du monde entier sur la politique de conquêtes et sur les buts de guerre en général. Cependant la note du ministre des Affaires étrangères avait accompagné la déclaration du 27 mars envoyée aux gouvernements alliés de telles explications qu'on pouvait les comprendre comme une tentative d'amoindrir l'importance réelle de la démarche qui était faite. Les termes et les formules de cette note, puisés dans le vocabulaire de la diplomatie du vieux régime et incompréhensibles au peuple, étaient de nature à faire naître la juste crainte que le gouvernement provisoire n'eût en effet l'intention, dans le domaine des relations internationales, de s'écarter de la voie du renoncement à la politique de conquêtes qu'il avait proclamé le 27 mars.

« Les protestations unanimes des ouvriers et soldats de Pétrograd ont montré au gouvernement provisoire et à tous les peuples de l'univers que jamais la démocratie révolutionnaire de Russie ne consentira à la solution des problèmes actuels par les procédés de la politique extérieure de l'époque des tsars et que son effort est et restera une lutte implacable pour la paix mondiale. Les nouvelles explications du gouvernement provisoire provoquées par ces protestations, portées à la connaissance du public et communiquées par le ministre des Affaires étrangères aux ambassadeurs des puissances alliées mettent fin à toutes les interprétations de la note dans un sens contraire aux intérêts et aux revendications de la démocratie révolutionnaire.

« Le fait que le premier pas a été accompli pour soumettre au débat international la question du renoncement à la politique de conquêtes doit être considéré comme une importante victoire de la démocratie. Tout en déclarant son inébranlable résolution de rester à l'avenir dans la voie de la lutte pour la paix, le Conseil des délégués ouvriers et militaires invite toute la démocratie révolutionnaire de Russie à se rallier plus étroitement encore autour de ses conseils de délégués ouvriers et militaires et exprime la ferme assurance que les peuples de toutes les nations belligérantes briseront la résistance de leurs gouvernements et les obligeront à entamer les pourparlers de paix sur la base du renoncement aux annexions et aux indemnités. »

On aura beau relire les documents émanés du gouvernement provisoire, on n'y trouvera rien qui justifie l'inquiétude manifestée par le Soviet. « L'impérialisme usurpateur du vieux régime » y est désavoué sans réserve et en termes très clairs. Il est évident qu'il y a au Soviet de la méfiance et de la mauvaise humeur contre le gouvernement provisoire, méfiance et mauvaise humeur qui ne sont pas justifiées par les raisons que l'on met en avant. C'est donc qu'il y a d'autres raisons que l'on ne veut pas dire.

Or, ces autres raisons ne sont pas difficiles à découvrir, car les textes du gouvernement provisoire, s'ils désavouent l'impérialisme aussi nettement que les textes du Soviet, sont avec ceux-ci en complète opposition sous un autre rapport. Les uns ont un accent guerrier, et les autres sont pacifistes. Si l'on en juge par les déclarations publiques, c'est en cela que consiste essentiellement le désaccord entre le gouvernement provisoire et le Conseil des délégués. L'un affirme la nécessité de l'action militaire, et l'autre, sans apporter sur ce point aucune contradiction, sans nier, mais sans affirmer non plus qu'il faut se battre, se contente de parler, en termes vagues, de la « lutte pour la paix ». Le Soviet, qui se méfie et s'inquiète si aisément, est, en réalité, des deux organes directeurs de la politique russe celui qui se complaît aux formules indécises.

Cela est, d'ailleurs, tout naturel. Car il faut songer que le Conseil des délégués est une vaste assemblée, en sorte que les résolutions auxquelles il aboutit ont souvent le caractère d'un compromis. Pour apprécier le véritable sens de ses manifestations, il faudrait connaître tous les courants d'opinion et leur force, ce qui serait très difficile, même si l'on était parfaitement renseigné. Tout ce que l'on peut dire, c'est que la plupart des chefs du mouvement socialiste, Kerensky particulièrement, mais aussi Plekhanov, Tseretelli, Tchkeïdzé, Skobelev, Tchernov et bien d'autres, ont assez le sens des réalités pour comprendre que la paix ne peut pas résulter de conversations internationales à la façon dont une motion sort d'une séance de Congrès. Ils comprennent qu'il faut faire la guerre, et vaincre. Mais un gouvernement révolutionnaire doit obtenir de l'armée son consentement à l'action militaire. Il faut que la volonté de vaincre existe dans l'armée elle-même.

Cette volonté existait dans le haut commandement — traîtres et ultra-réactionnaires à part — et elle existait dans la très grande majorité des officiers. La révolution a été pour une grande part une révolution militaire, à laquelle haut commandement et officiers ont prêté volontiers leur concours indispensable, et ils l'ont fait dans l'intérêt de la guerre et de la victoire.

Cette volonté existait aussi chez les soldats, car, pour la masse paysanne, cette guerre avait bien été comprise, au moins au début, comme une guerre nationale. Mais ensuite, la lassitude était venue, et le découragement. On en avait assez de se battre sans munitions et sans ravitaillement suffisant. On en avait assez de subir vainement des pertes effroyables, sous un commandement incapable. La révolution venue détourna de la guerre les pensées des soldats et l'armée fut désorganisée de deux manières : la discipline se relâcha, et un grand nombre de paysans désertèrent pour être chez eux lorsque l'on procéderait au partage des terres qu'ils croyaient devoir en être la conséquence immédiate. Mais ce n'était qu'une affaire de temps et de propagande : on pouvait compter sur la bonne volonté de l'armée.

La seule difficulté réelle était à Pétrograd, au Soviet, où

l'influence de certains éléments pouvait abuser facilement de l'ignorance, de la générosité, de l'esprit de méfiance et de l'esprit de scrupule des délégués ouvriers et soldats. C'est là que les meilleurs chefs socialistes rencontraient une résistance dangereuse.

La formation du second gouvernement provisoire

La crise vint à propos de la formation du nouveau gouvernement provisoire, où entrèrent, le 18 mai, cinq nouveaux ministres socialistes. Le conflit était double.

D'une part, il s'agissait de savoir si l'on se contenterait d'écarter l'idée de la paix séparée, ou si l'on affirmerait la nécessité de combattre effectivement et de vaincre. Sur ce point, l'intérêt évident de la révolution russe placée en face des armées impériales allemandes a fait triompher la raison. C'est en termes prudents, d'où est exclu le ton belliqueux du premier gouvernement provisoire, que s'exprime le Soviet, mais il s'est prononcé pour la nécessité de l'offensive

D'autre part, il s'agissait d'énoncer les buts de paix. Et c'est ici qu'apparaît une divergence, que les textes précédents ne montraient pas encore clairement, entre le premier gouvernement provisoire et le second, inspiré par le Soviet. Au lieu de parvenir à une clarté plus grande, on lit la formule : « Paix sans annexions ni indemnités, et sur la base du libre développement des nations », qui est ou détestable ou contradictoire, suivant le sens que l'on attribue à l'expression équivoque : « Sans annexions ni indemnités ».

Voici l'appel à l'armée publié par le Soviet le 14 mai :

« Soldats et camarades du front, nous vous parlons au nom de la démocratie révolutionnaire russe. Le peuple n'a pas voulu la guerre qu'ont commencée les empereurs et les capitalistes de tous les pays. Aussi, dès l'abdication du tsar, le peuple russe s'est-il posé comme un but urgent de mettre le plus rapidement possible fin à la guerre ; et les Conseils des délégués des ouvriers et des militaires a adressé un appel

à toutes les nations, les invitant à cesser le carnage universel. La Russie attend une réponse à cet appel. Mais n'oubliez pas, soldats et camarades, qui nos appels ne vaudront
pas grand'chose si les régiments de Guillaume détruisent
la Russie révolutionnaire avant que nos frères ouvriers et
paysans des autres pays aient répondu à notre appel.

« N'oubliez pas que la perte de la Russie libre serait une
catastrophe irréparable, non seulement pour nous, mais
pour les classes ouvrières du monde entier.

« Défendez-donc, camarades, de toute votre puissance, la
Russie révolutionnaire.

« Les ouvriers et les paysans de Russie aspirent à la
paix, mais celle-ci doit être une paix générale de toutes les
nations, issue de leur commun accord. Une paix séparée
est une chose impossible. Que sera-ce, si l'armée russe déclare qu'elle ne veut plus faire la guerre, qu'elle n'a pas à
se mêler et à s'embarrasser des événements mondiaux ?

« Il est évident que, dans ce cas, l'impérialisme allemand,
après avoir défait nos alliés occidentaux, tournera contre
nous toute la puissance de ses armes, s'emparera de notre
pays et asservira le peuple russe.

« Le Conseil des délégués des ouvriers et des militaires
vous conduit vers la paix, par une autre voie, en appelant
à la révolution les ouvriers et les paysans de l'Allemagne
et de l'Autriche-Hongrie.

« Nous vous conduisons à la paix après avoir obtenu de
notre gouvernement de renoncer à la politique de conquêtes,
et en réclamant un pareil renoncement des puissances alliées. Mais n'oubliez pas, soldats et camarades, que la paix
ne pourra pas être réalisée si vous n'entravez pas la poussée de l'ennemi sur le front, si vos rangs sont percés, et si
la révolution russe, comme un corps inanimé, gît aux pieds
de Guillaume.

« Vous qui êtes dans les tranchées, n'oubliez pas que vous
défendez la liberté et la révolution russes, vos frères ouvriers et paysans. Or, comment pourriez-vous réaliser cette
défense si vous restez inactifs dans les tranchées ?

« Fréquemment, une offensive seule peut repousser ou conjurer l'offensive de l'ennemi. Fréquemment, ceux qui attendent une attaque périssent.

« Soldats et camarades, ayant juré de défendre la liberté russe, ne renoncez pas à l'offensive, combattez, luttez pour cette liberté, et en combattant et en luttant, craignez les pièges ennemis. Or, la fraternisation qui a lieu maintenant sur le front peut devenir aisément ce piège. N'oubliez pas que les troupes révolutionnaires n'ont le droit de fraterniser qu'avec des troupes aussi révolutionnaires, aussi prêtes à mourir pour la paix et la liberté. Mais l'armée allemande n'est pas une armée révolutionnaire. Elle suit aveuglément encore Guillaume et Charles, empereurs et capitalistes.

« Vous fraternisez franchement non pas avec les soldats adverses, mais avec des officiers de l'état-major ennemi, travestis en soldats.

« La paix sera obtenue non par des traités séparés, non par la fraternisation des régiments et des bataillons isolés. Cette voie ne vous conduira qu'à la perte de la révolution russe, dont le salut n'est pas dans une paix ou un armistice séparés. Repoussez donc tout ce qui affaiblit votre puissance militaire, tout ce qui décompose l'armée et abat son moral.

« Soldats, soyez dignes de la confiance que la Russie révolutionnaire vous a accordée ».

Deux jours après, le gouvernement provisoire nouveau était formé, et les deux premiers paragraphes de sa déclaration étaient les suivants :

« 1° Dans sa politique extérieure, le gouvernement provisoire, *repoussant, de concert avec tout le peuple, toute pensée de paix séparée*, se propose ouvertement comme but le rétablissement de la paix générale, ne tendant ni à la domination des autres peuples, ni à la mainmise sur leurs biens nationaux, ni à l'usurpation violente des territoires d'autrui, la paix sans annexions ni indemnités, sur la base des droits des peuples de disposer d'eux-mêmes.

« Dans la ferme conviction que la chute du régime tsariste en Russie et la consolidation des principes démocratiques dans la politique intérieure et extérieure ont créé pour les démocraties alliées de nouvelles aspirations vers une paix stable et la fraternité des peuples, le gouvernement provisoire entreprendra des démarches pour préparer un accord avec les alliés sur la base de la déclaration du 9 avril.

« 2° Étant fermement convaincu que la défaite de la Russie et de ses alliés serait une source de grands malheurs et retarderait et rendrait impossible la conclusion de la paix mondiale sur la base indiquée, le gouvernement provisoire croit fermement que l'armée révolutionnaire de Russie n'admettra pas que les troupes allemandes infligent une défaite à nos alliés occidentaux, pour tourner ensuite contre nous toute la puissance de leurs armes. En même temps, le gouvernement provisoire se proposera comme but principal la *consolidation des principes démocratiques dans l'armée, l'organisation et le renforcement de sa puissance de combat offensive et défensive.* »

C'est là un texte rectifié, et sensiblement amélioré, car le texte primitif ne contenait pas les mots en italiques, et le « droit des peuples de disposer d'eux-mêmes » a remplacé l'expression plus vague : « le libre développement des nations ».

Ces deux documents se complètent. Mais c'est la déclaration qui est le texte important. L'ancienne déclaration du 9 avril, d'abord adressée au peuple russe, et dont l'envoi aux puissances alliées avait été ensuite exigé, est reprise comme instrument d'une action diplomatique, pour obliger les gouvernements alliés à prendre à leur compte les formules de désintéressement du gouvernement russe. Quel que soit le jugement que l'on porte sur les conceptions des chefs du Soviet, on devra reconnaître qu'ils ont suivi, en politique extérieure, une ligne d'où ils n'ont pas dévié.

Il est, d'ailleurs, fort naturel que les socialistes, et en particulier les socialistes russes, profitent de la révolution russe pour obliger les gouvernements alliés à conclure, lorsque le moment sera venu, la paix la plus conforme possible aux aspirations socialistes. Or, en l'espèce, à cause de la nature des problèmes que la paix est appelée à résoudre, les aspirations socialistes ne sont rien d'autre et rien de plus que les aspirations démocratiques, et les gouvernements alliés, avec une netteté malheureusement imparfaite, et surtout inégale, ont déclaré qu'ils voulaient réaliser le droit des peuples à disposer d'eux-mêmes et, dans le monde ainsi rénové, ouvrir une ère de sécurité internationale. Quoi de plus légitime, de la part des socialistes russes, que de prendre au mot les gouvernements alliés, et d'exiger des assurances concrètes et décisives de leur sincérité ?

Les socialistes français, en particulier, qui furent ardents à poursuivre la guerre, et se sont placés « à la pointe du combat » parce qu'ils en espéraient un progrès décisif dans le sens de la liberté des peuples et de la démocratie, inquiets cependant de tout ce qu'ils sentaient subsister d'impérialisme dans l'esprit des gouvernements bourgeois, ont accueilli avec enthousiasme la révolution russe non seulement pour elle-même, mais aussi — mais surtout, peut-être — pour l'aide qu'elle devait leur apporter en empêchant que la conclusion normale de la guerre fût diminuée par l'action du tsarisme détesté.

Aussi ont-ils salué avec la même joie l'intervention américaine, parce que le désintéressement du gouvernement américain actuel leur a paru, contre les annexions illégitimes, une sérieuse garantie.

Par ces deux faits nouveaux, la guerre entrait dans une phase nouvelle, qui permettait d'espérer non plus un grand progrès et une paix de sécurité probable, mais une solution aussi parfaite que possible des problèmes nationaux, et par suite une base solide pour l'établissement d'un régime juridique des rapports internationaux.

Telle est la merveilleuse promesse que contient la déclaration du second gouvernement provisoire — ou plutôt qu'elle contiendrait, si l'on n'y lisait la formule : « Paix sans annexions ni indemnités, sur la base du droit des peuples de disposer d'eux-mêmes ».

Quel sens lui attribuer ? Si l'on entend par « sans annexions », que tout transfert de territoire doit être exclu, c'est dire que l'on défend aux peuples de disposer d'eux-mêmes, et la formule est dérisoire. Et si l'on veut admettre toutes les transformations de la carte politique nécessaires pour réaliser le droit des peuples de disposer d'eux-mêmes, comment peut-on dire que cela se fera « sans annexions » ? C'est jouer sur les mots. Et « sans indemnités » est un autre jeu de mots.

Or cette formule est aujourd'hui stéréotypée. Elle a été reproduite dans une série de documents. On la récite machinalement. Chacun l'interprète à sa façon, mais on y revient toujours. Pourquoi ? Laisser subsister une pareille équivoque est indigne de la révolution russe et du Soviet. Quel sens donne-t-il à sa formule ?

Nous touchons là le point essentiel. Il faut parler franc.

Si le nouveau gouvernement provisoire et le Conseil des délégués ouvriers et soldats veulent vraiment satisfaire, dans toute la mesure du possible, toutes les aspirations nationales légitimes, et fonder la société juridique des nations, c'est bien, nous sommes d'accord. Leur œuvre est conforme à celle que nous avions en vue, mais sera plus parfaite qu'elle ne pouvait l'être avant la révolution de mars. Leur œuvre est aussi conforme à celle que se proposait le premier gouvernement provisoire, mais sera plus parfaite, parce qu'ils osent exercer une pression sur les gouvernements alliés. Le parti socialiste français les y aidera, pour sa part.

Mais si telle est leur intention, pourquoi ne pas le dire ?

Et puisqu'ils s'obstinent à l'emploi d'une formule équivoque, peuvent-ils s'étonner s'ils rencontrent des résistances et des doutes ?

Car si leur formule a un autre sens, ou si le sens en est dans leur esprit encore vague et incertain, je n'hésite pas à dire que leur politique extérieure est dangereuse, qu'elle ne tend pas à réaliser une paix durable, et qu'elle nous fait regretter celle du premier gouvernement provisoire. Car l'interprétation la plus naturelle de la formule, c'est le *statu quo* territorial, avec un vœu en faveur de l'autonomie des minorités nationales dans chaque état composite. C'est la continuation de ce qui existait. Pas de société des nations possible, pas de désarmement. L'empire serait consolidé en Allemagne, et la paix ne serait qu'une trêve.

C'est cependant cette formule que les socialistes russes proposent à la fois aux gouvernements et aux peuples. Car, au moment même où il imposait sa politique extérieure — si équivoque — au gouvernement provisoire nouveau, le Soviet invitait les partis socialistes des pays belligérants à se mettre d'accord sur son programme. Le 15 mai, il lançait cet appel :

« La démocratie révolutionnaire de Russie ne veut pas une paix séparée, qui délierait les mains de l'alliance austro-allemande. Elle sait que consentir une telle paix serait trahir la cause de la démocratie ouvrière de tous les pays, qui tomberait, pieds et mains liés, au pied de l'impérialisme triomphant. Elle sait qu'une telle paix pourrait amener un désastre militaire pour d'autres pays, et par cela même assurer pour de longues années le triomphe des idées de chauvinisme et de revanche en Europe, la laisser dans l'état de camp retranché où elle est depuis la guerre franco-prussienne de 1870, et préparer ainsi de façon inévitable, pour un avenir prochain, une lutte sanglante.

« La démocratie révolutionnaire de Russie veut une paix générale sur des bases acceptables pour les travailleurs de tous les pays, qui ne cherchent aucune conquête, n'aspirent pas au pillage, qui sont également intéressés à la libre expression de la volonté de tous les peuples, au renversement de la puissance de l'impérialisme international. La paix sans annexions ni contributions, sur la base du droit pour tous les peuples de disposer d'eux-mêmes — cette formule acceptée sans arrière-pensée, par la raison et le cœur des travailleurs, donne une plateforme sur laquelle peuvent, doivent s'entendre les travailleurs de tous les pays, belligérants et neutres, pour fonder une paix solide et, de leurs efforts communs, panser les blessures causées par cette guerre sanglante. Le gouvernement de la Russie révolutionnaire a adopté cette plateforme. Et la démocratie révolutionnaire de Russie s'adresse avant tout à vous, socialistes des puissances alliées.

« Vous ne devez pas permettre que la voix du gouvernement provisoire se fasse entendre seule dans l'union des peuples de l'Entente. Vous devez forcer vos gouvernements à déclarer de façon résolue et claire que la plateforme d'une paix sans annexion ni contributions, sur le principe du droit des peuples à disposer d'eux-mêmes, est aussi la leur. Vous donnerez ainsi du poids et de la force à la démarche du gouvernement russe. Vous donnerez à notre armée révolutionnaire, qui a inscrit sur ses drapeaux : « Paix entre les peuples », la conviction que des sacrifices sanglants ne serviront pas une mauvaise cause. Vous lui permettrez de remplir, avec toute la flamme de l'enthousiasme révolutionnaire, la tâche militaire qui lui incombe. Vous renforcerez en eux la conviction qu'en défendant les conquêtes de la Révolution et notre liberté, ils luttent en même temps pour les intérêts de toute la démocratie internationale et contribuent à la prompte venue de la paix qu'ils désirent. Vous mettrez les gouvernements des puissances ennemies dans la nécessité ou bien de renoncer aussi résolument et sans détour à la politique de conquête, de pillage et violence, ou bien, d'avouer franchement leurs crimes et d'appeler par là même sur leurs têtes la juste colère de leurs peuples.

« La démocratie révolutionnaire de Russie s'adresse aussi à vous, socialistes de l'alliance austro-allemande. Vous ne pouvez pas permettre que les armées de vos gouvernements soient les bourreaux de la liberté russe. Vous ne pouvez pas permettre, qu'abusant des sentiments de joie et de fraternité qui se sont emparés de l'armée russe révolutionnaire, vos gouvernements transportent leurs troupes sur le front occidental pour abattre la France d'abord, puis se jeter sur la Russie, et en fin de compte vous étouffer vous-mêmes, et tout le prolétariat international, sous l'étreinte de l'impérialisme universel. A tous les socialistes des pays belligérants et neutres, la démocratie révolutionnaire russe adresse son appel : « Ne permettez pas le triomphe des impérialismes ». Que la cause de la paix, servie d'abord par la Révolution russe, soit menée à bonne fin par les efforts du prolétariat international. Pour unir tous ces efforts, le Conseil de Pétrograd des délégués ouvriers et soldats a résolu de prendre l'initiative de la conférence internationale de tous les partis et fractions socialistes de tous les pays. »

Tel est le document qui a été rapporté de Pétrograd par les députés socialistes français Moutet et Cachin, qui l'ont lu devant le Conseil national du parti le 27 mai. La réponse à donner au Soviet était une excellente occasion d'attirer son attention sur l'équivoque contenue dans sa formule, de montrer que, suivant le sens qui lui sera donné, elle peut être excellente ou détestable, qu'elle exprime à volonté soit les vœux des empires centraux, soit les meilleurs résultats que puisse espérer le socialisme de cette guerre, que l'ambiguïté ne peut profiter qu'à la mauvaise cause. Ceci étant bien posé d'abord, il était facile ensuite de répondre à l'invitation des socialistes russes : oui, si nous sommes d'accord sur l'interprétation de la formule — non, dans le cas contraire.

Malheureusement, le Conseil national, saisi à l'improviste de cette question, analogue à celle qu'il devait traiter, et pourtant différente, n'a pas vu clair. Il a voté dans une acclamation enthousiaste pour la révolution russe. L'équivoque a subsisté.

Quel est le vrai sens de la formule?

Quel est, en fait, le sens attribué par la majorité des délégués ouvriers et soldats à la phrase désormais consacrée ? Je crois bien que c'était, primitivement, le sens mauvais : pas de déplacements de frontières, le *statu quo*. Car le mot d'ordre, pour les Russes délivrés, était : pas d'expansion à la mode tsariste. Et le sentiment de générosité naturel aux Russes leur faisait éprouver le besoin de rassurer d'abord les Allemands. Il y avait bien, sans doute, des Petits-Russiens qui songeaient à leur réunion avec les frères ruthènes de Galicie, mais c'était là une revendication en quelque sorte locale qui se perdait dans le bruit de l'immense Russie révolutionnaire. Il fallait songer, cependant, à la reconstitution de la Pologne, et ce fut à ce propos que la nécessité fut comprise d'interpréter la formule et d'admettre les désannexions. Puis, peu à peu, les Russes acquirent des notions qu'ils ne possédaient pas jusqu'alors sur des peuples plus lointains. Ils apprirent à connaître, notamment, la question d'Alsace-Lorraine, et ils admettent, de plus en plus, que la revendication française est conforme au droit. C'est ainsi que la formule a peu à peu changé de sens.

Mais est-ce que le retour de l'Alsace-Lorraine à la France est vraiment notre but ? Est-ce que nous pouvons nous contenter d'obtenir satisfaction sur ce point ? La question d'Alsace-Lorraine, si importante soit-elle, et si particulièrement que nous puissions y tenir, ne concerne que deux millions d'hommes et n'est, en définitive, qu'une toute petite application, comparée à beaucoup d'autres, du droit des peuples de disposer d'eux-mêmes. Le retour de l'Alsace-Lorraine à la France n'est ni notre but, ni l'un de nos buts. C'est la réalisation du droit des peuples qui est notre but, et ensuite, la constitution de la Société des nations, rendue possible et viable par cette réalisation préalable.

Il ne suffit pas que le Soviet manifeste des exigences négatives, et se contente d'empêcher que la paix future soit souillée par des ambitions impérialistes. Se contenter de cela serait consacrer, parmi les iniquités passées, toutes celles qui subsistent et pèsent, en Europe, sur une population de plus de cinquante millions. Ce serait préserver des germes de guerres nouvelles. Et ce serait rendre illusoire tout essai de fonder un régime juridique international. C'est une œuvre positive, constructive, à laquelle nous convions les socialistes russes, l'œuvre même que le parti socialiste français, dans ses déclarations, depuis le commencement de la guerre, a esquissée. Il savait bien, pourtant, qu'il était impossible d'en espérer la réalisation parfaite, et que les tendances impérialistes étaient très fortes encore. Le gouvernement tsariste était alors l'obstacle principal à l'obtention d'une paix vraiment satisfaisante. Le parti estimait, cependant, qu'un progrès considérable pouvait être espéré vers la liberté des peuples et la Société des nations. Il serait étrange que le gouvernement russe révolutionnaire fût, encore aujourd'hui, l'obstacle principal, parce que le Soviet n'aurait aperçu, dans le problème de la paix, que l'aspect négatif des précautions à prendre contre l'impérialisme des gouvernements bourgeois.

Des précisions ont été demandées, naturellement, au sujet de la fameuse formule, par les délégations anglaise et française, et par Albert Thomas, et bien d'autres. Il paraît que des réponses satisfaisantes ont été souvent obtenues, — mais seulement dans des conversations, c'est-à-dire qu'elles n'engageaient pas le Soviet ni le gouvernement provisoire.

Pendant la crise qui amena la chute du premier gouvernement provisoire, une commission spéciale fut instituée pour expliquer la formule. Elle devait donner la réponse aux délégués à leur retour de la visite au front. Mais aucune réponse ne fut inscrite dans un texte, et, d'après le délégué anglais Will Thorne, on déclara que la question serait intégralement transmise à la conférence internationale que le Soviet se proposait de convoquer.

On avouera que ceci n'est guère rassurant.

Tout récemment, le 10 juin, le Soviet a communiqué à la presse de Petrograd une explication tardive de sa participation au second ministère. Dans deux paragraphes sur quatre il y est question de la paix. Le Soviet déclare :

« 1° Que les ministres socialistes ont été envoyés au gouvernement provisoire avec un mandat défini de procurer une paix générale par un accord des nations, et non de prolonger une guerre impérialiste au nom de la libération des nations par les baïonnettes ;..

« 4° Que l'entrée de ses représentants dans le gouvernement ne signifie pas pour le prolétariat socialiste russe l'affaiblissement des liens qui l'unissent aux socialistes de tous les pays qui mènent la lutte contre l'impérialisme, mais, au contraire, le renforcement de ces liens par une lutte commune plus intense pour la paix générale ».

Le paragraphe 4 paraît bien contenir un avertissement aux socialistes allemands. Mais que signifie l'alternative posée dans le premier paragraphe ? Les socialistes qui ne croient pas à la possibilité actuelle d'un accord des nations sont-ils, par là même, coupables de « prolonger une guerre impérialiste » ? Et que signifie cette ironie de parler de la guerre impérialiste soutenue « au nom de la libération des nations » ? Certes, on pourrait aisément trouver des cas où cette ironie est justifiée. Mais, avec l'alternative indiquée, la phrase ne peut avoir qu'un sens : quiconque ne recherche pas la paix par l'accord des nations veut une guerre impérialiste, et s'il parle de la libération des nations, c'est là, pour lui, un prétexte. Les déclarations du parti socialiste français sont visées dans ce paragraphe autant que les socialistes allemands dans le paragraphe 4.

On voit que nous n'avons pas lieu d'être rassurés sur le sens qui est attribué par le Soviet à sa formule. Nous devons donc demander aux socialistes russes de parler clairement.

Cela est d'autant plus nécessaire que le document du Soviet vise l'Internationale tout entière. C'est là ce qui est grave, et inspire une vive inquiétude.

L'Internationale

Est-ce que vraiment les socialistes russes conservent encore des illusions sur le caractère socialiste de la social-démocratie allemande ? Vont-ils tomber dans le piège de la première manifestation, concertée avec la Chancellerie, par laquelle la social-démocratie essayera de se redonner une apparence socialiste, et aura l'air d'imposer à l'empire un renoncement aux prétentions qu'il n'espère plus faire valoir ? Vont-ils passer l'éponge sur le crime, et laisser possible son recommencement ? — Ou bien s'agit-il seulement de mettre la social-démocratie en demeure de s'expliquer et, par conséquent, d'avouer ? — Mais comment forcer l'aveu, auquel il est si facile d'échapper par l'équivoque, si, dès l'abord, les questions posées ne sont pas claires ?

Et puis, il y a toute l'Internationale. Sur elle aussi, je crains que les socialistes russes se fassent de grandes et dangereuses illusions. Le désir de voir la guerre finie est devenu tel — et plus encore dans certains pays neutres que dans les pays alliés — que l'on en devient incapable de raisonner. On est prêt à adopter n'importe quelle mesure qui pourra sembler propre à rapprocher la paix, même si, en réalité, elle l'éloigne. Le droit des peuples et la société des nations effrayent, parce que l'on proportionne inconsciemment la durée de la guerre à la grandeur des buts. « Sans annexions » plaît, au contraire, parce qu'il parait réalisable tout de suite. Ce n'est pas à ces neutres fatigués que l'on peut communiquer de l'enthousiasme. Il faut songer, d'ailleurs, que le droit des peuples les intéresse peu, l'autonomie à l'intérieur de chaque état leur suffit ; ils ne se demandent pas si l'Autriche et la Turquie sont capables de l'accorder, et ils ne se sont pas mis, comme nous depuis le commencement de la guerre, comme les socialistes russes depuis que la révolution leur a donné une part de responsabilité, à étudier les problèmes de la paix. Les neutres auraient pu jouer un rôle d'arbitres. Ils ont déclaré carence.

L'Internationale est divisée. Elle devra être refaite. Elle ne peut servir à rien pour le moment. Lui faire manifester son fléchissement actuel, c'est lui vouloir du mal. Dans son intérêt, il vaut mieux attendre que ses meilleurs éléments se soient ressaisis.

Et cependant les socialistes russes, pleins d'illusions sur l'Internationale actuelle, comme ils l'étaient sur la social-démocratie allemande, parcourent à grandes enjambées les étapes de leur programme d'action. Le 3 juin, ils ont enfin lancé leur invitation à une conférence commune de toutes les sections de l'Internationale du 28 juin au 7 juillet. En voici le texte :

« Le 28 mars, le Conseil des délégués ouvriers et soldats a adressé un appel aux peuples du monde, dans lequel il invitait les peuples européens à des actions décisives communes pour la paix. Le Conseil des délégués des ouvriers et soldats et toute la démocratie écrivirent avec lui sur leur drapeau : « Paix sans annexions, ni contributions, basée sur le droit des nations à disposer d'elles-mêmes ».

« La démocratie russe força le premier gouvernement provisoire à reconnaître ce programme et, comme l'ont prouvé les événements du 3 mai et du 4 mai, ne permit pas au premier gouvernement provisoire de s'en écarter. Le second gouvernement provisoire mit ce programme, sur l'instance du Conseil des délégués des ouvriers et soldats, comme premier point de sa déclaration.

« Le 9 mai, le Comité exécutif du Conseil décida de prendre l'initiative de convoquer une conférence socialiste internationale, et le 15 mai il adressa un appel aux socialistes de tous les pays, les invitant à la lutte commune pour la paix.

« Le Conseil des délégués des ouvriers et soldats considère que la cessation de la guerre et l'établissement de la paix internationale exigée par les intérêts communs des masses ouvrières, de toute l'humanité et de la démocratie socialiste ne peuvent s'obtenir que par les efforts internationaux des partis et des syndicats ouvriers des pays belligérants et neutrès unis pour une lutte énergique et tenace contre le massacre universel.

« Le premier pas nécessaire et décisif pour l'organisation d'un tel mouvement international est la convocation d'une Conférence internationale dont la tâche principale doit être de réaliser l'entente entre les représentants du prolétariat socialiste, tant en ce qui concerne la liquidation de la politique de trêve des partis avec les gouvernements et les classes impérialistes — politique qui exclut toute lutte pour la paix — qu'en ce qui concerne les moyens de cette lutte. L'entente internationale pour la liquidation de ladite politique est en général la prémisse nécessaire à l'effet d'organiser cette lutte pour la paix sur une base large et internationale.

« Cette voie est indiquée au prolétariat par ses traités internationaux.

« La convocation d'une conférence est aussi dictée impérieusement par les intérêts vitaux communs du prolétariat et de tous les peuples.

« Les partis et les organisations des classes ouvrières qui partagent ces opinions et sont prêts à unir leurs efforts pour les réaliser, sont invités par le Conseil des délégués des ouvriers et soldats à participer à la Conférence par lui convoquée.

« Le Conseil des délégués exprime sa ferme conviction que tous les partis et toutes les organisations qui acceptent cette invitation accepteront aussi l'obligation inflexible d'appliquer sans défaillance toutes les décisions de cette Conférence.

« Le Conseil des délégués des ouvriers et soldats choisit Stockholm comme lieu de la Conférence et fixe l'époque de sa conférence entre le 28 juin et le 7 juillet. »

Quel est l'objet de cette conférence ? On ne nous le dit pas. La formule de paix sans annexions ni contributions, basée sur le droit des peuples de disposer d'eux-mêmes, est rappelée une fois de plus, mais non interprétée. Je suppose que l'interprétation, dans l'esprit des socialistes russes, en serait confiée à la conférence, car ce serait le premier objet des préoccupations de tous ceux qui y participeraient. C'est l'arbitrage, ou plutôt le verdict souverain de l'Internationale, qui est invoqué. Les alliés n'ont plus d' « intérêts » à défendre, évidemment. Les intérêts sont odieux. Il n'y a plus que la justice parfaite, idéale, absolue. Les alliés ne peuvent être jugés dans leur propre cause. Et qui pourrait, mieux que l'Internationale réunie, s'élever au-dessus de tous les préjugés, de tous les sentiments mauvais, suscités par la guerre même, et qui empêchent l'union des cœurs dans la fraternité universelle ? Vraiment, le Soviet a perdu pied. Il est en plein ciel, dans les nuages. Sa foi mystique dans l'Internationale lui tient lieu de raison.

De là cette soumission absolue, consentie d'avance, aux décisions de l'Internationale réunie à leur appel. Les socialistes russes du Soviet montrent, dans leur erreur, une logique implacable. Ils veulent qu'elle produise son plein effet, qu'ils n'ont sans doute pas calculé.

Mais si la majorité de l'Internationale décide que « sans annexions » doit signifier que les frontières des états devront être maintenues, et que le droit des peuples implique seulement la nécessité de respecter l'autonomie des diverses fractions nationales à l'intérieur de chaque état, est-ce que vraiment les délégués ouvriers et soldats sont disposés à s'incliner ? Est-ce qu'ils vont, dans ce cas, renoncer à réclamer l'indépendance de la Pologne nationalement unie ? Est-ce qu'ils oseront s'affirmer tellement moins épris d'idéalisme démocratique que ces ministres bourgeois du premier gouvernement provisoire, qui leur inspiraient une telle méfiance ? Est-ce qu'après s'être érigés en juges soupçonneux et malveillants des autres, c'est eux qui, sous le couvert d'une décision de l'Internationale, vont ratifier le régime d'oppression des nationalités que cette guerre peut abolir ?

Ils protestent qu'ils ne veulent pas conclure de paix séparée. Mais qu'ils y songent bien, accepter d'avance la conception de paix que formulerait l'Internationale, même si, comme il est probable, elle devait être rejetée, et avec raison, par les gouvernements alliés, c'est s'acheminer vers la paix séparée, que l'on redoutait de la part du tsar, mais que, tout de même, il n'a pas conclue.

Je sais bien qu'il ne faut pas s'indigner contre le Soviet. Il se trompe, parce qu'il est plein d'illusions, parce qu'il manque de connaissances et d'expérience politique, parce qu'il jouit de la liberté nouvelle de remuer des idées, qu'il

s'imagine réalisées aussitôt qu'émises, parce qu'il croit
que la révolution russe l'a mis en possession d'une force
capable de renouveler le monde par sa seule volonté. Il se
trompe aussi, peut-être, parce qu'il renferme des habiles qui
le mènent à son insu.

On a su le mettre en défiance contre les démocraties
aînées d'Occident, c'est pourquoi il veut agir sans les con-
sulter, leur imposer, se croyant plus pur, sa façon de voir et
sa méthode, et il croit pouvoir user envers elles d'un véritable chantage, en leur laissant entrevoir le secours des
armées russes — sous condition. Ce n'est pas ainsi que
l'on doit agir entre partis socialistes.

Il y a, d'ailleurs, de la tactique du Soviet, une explication, valable pour un grand nombre de ses membres, que
n'aveugle plus la confiance dans la bonne foi et l'esprit
socialiste de la social-démocratie allemande. Ceux-là veulent mettre l'ancien parti frère en demeure de renoncer à
sa politique d'entente avec la chancellerie impériale, ou de
se démasquer. Ils espèrent ainsi dresser contre l'Allemagne
l'unité du Soviet plus résolue, lorsque les naïfs auront été
obligés de reconnaître qu'avec le vieux parti socialiste
allemand, aucune conciliation n'est, décidément, possible.

Mais ceux-là sont eux-mêmes bien naïfs, s'ils croient possible d'obtenir par des déclarations, par des mots, une déclaration plus claire que celle qui résulte des faits.

Et ce sont de bien mauvaises conditions pour exiger de la
clarté, que de proposer soi-même une de ces formules équi-
voques, sur lesquelles se fait aisément une décevante unanimité, parce que chacun interprète à sa façon le texte
adopté.

Et, en attendant, ces socialistes russes, qui avaient compris la félonie des « camarades » allemands, ne se sont pas
rendu compte que le simple fait de s'adresser à la social-
démocratie allemande et de l'interroger, fût-ce pour la
mettre en demeure de se désavouer elle-même, est déjà
pour elle un commencement de réhabilitation. Que ferait-on,
en effet, si le Comité directeur du parti promettait de mener désormais une politique satisfaisante ? Serait-il possible de ne pas faire bon accueil à la réponse que l'on aurait
sollicitée ? On le voit : par cela seul que l'on engagerait
avec le vieux parti socialiste allemand une conversation

quelconque, on passerait l'éponge sur le passé. Ceci est inadmissible, et il n'y a de relations possibles avec le vieux parti socialiste allemand que pour flétrir sa participation au crime de l'Empire.

Enfin, quelle est la portée de cette idée qu'il conviendrait de mettre les socialistes allemands en demeure de dire comment ils conçoivent la paix ? Si cette idée a fourni un argument, peut-être puissant, pour rallier beaucoup de délégués ouvriers et soldats, aujourd'hui que l'on en vient au fait, elle ne compte plus pour rien, puisque l'on prétend exiger la soumission sans réserve à l'Internationale non rénovée. Il ne s'agit donc plus d'attendre la réponse allemande, et de prendre ensuite des décisions en conséquence. Il s'agit, au contraire, de se soumettre à l'autorité de la social-démocratie allemande, cette autorité diminuée, certes, mais qui doit naturellement, selon Victor Adler, continuer à s'exercer sur l'Internationale. Voilà, en réalité, à quoi aboutit la tactique du Soviet.

Ce n'est certainement pas ce résultat qu'il a voulu, et il n'est sans doute pas conscient de ces conséquences. Mais voilà où il a été conduit par ses incertitudes, et par son consentement à une formule équivoque. Ceux qui interprétaient la formule dans le meilleur sens ont ainsi réservé à leurs adversaires la possibilité d'une revanche par un vote imprévu.

La situation présente

Heureusement, l'invitation que je viens de critiquer paraît aujourd'hui retirée. Le Soviet avait été encouragé à la lancer par la faiblesse et l'emballement extraordinaire du Conseil national du parti socialiste français, qui avait paru prêt, les 27 et 28 mai, à suivre aveuglément les socialistes russes, tant l'enthousiasme était grand, qu'avait suscité en France la révolution russe. Mais les trois ministres socialistes des pays alliés, Henderson, Albert Thomas et Vandervelde, présentèrent, le 5 juin quelques observations :

« Nous avons été très surpris par l'appel à une conférence internationale qui a été publié dimanche dernier dans *Izves-*

tia, organe du Conseil des délégués ouvriers et soldats. Au cours du mois dernier, des délégations anglaise, belge et française ont eu des conversations avec le Conseil au sujet de la convocation éventuelle d'une conférence de l'Internationale socialiste. Les négociations ainsi commencées n'étaient pas terminées.

« Vous aviez demandé à la délégation belge une note qui vous a été envoyée, et à laquelle vous n'avez pas encore répondu. Vous avez aussi invité les organisations de la majorité et de la minorité anglaises à venir discuter avec vous dans quelles conditions la convocation pourrait être faite. Nous ne pouvions nous attendre à ce que vous convoquiez une conférence dans des conditions que les négociations précédentes ne nous permettaient pas de prévoir.

« Pendant ces négociations, nous avons montré notre accord avec vous sur la formule de paix du Conseil des délégués ouvriers et soldats, à la condition expresse que cette formule de paix soit clairement précisée, et fixée de telle sorte qu'elle n'exclue ni la libération des territoires conformément aux désirs des habitants, ni la réparation des dommages causés aux pays envahis.

« D'autre part, nous avons formellement déclaré qu'il nous était impossible de conseiller une conférence plénière avant d'avoir fixé d'un commun accord une série de conditions suffisamment précises pour écarter tout doute, pour décourager toute manœuvre diplomatique de nos ennemis, et pour répudier toutes fractions socialistes qui ne voudraient pas coopérer à l'œuvre d'anti-impérialisme pour laquelle vous convoquez l'Internationale.

« Nous sommes plus que jamais convaincus qu'une réunion plénière à laquelle seraient admis ceux qui soutiennent la politique actuelle des socialistes de la majorité dans les empires centraux serait néfaste et dangereuse, et laisserait subsister le doute sur la possibilité de conclure une paix juste et permanente avant que l'impérialisme d'agression soit détruit. »...

On sait, d'autre part, que la commission hollando-scandinave a envoyé à toutes les sections de l'Internationale un questionnaire assez détaillé, — encore que bien incomplet. On parle beaucoup des réponses allemandes, mais on savait qu'elles ne pouvaient pas être acceptables. Beaucoup plus intéresante sera la réponse russe. Par ce questionnaire, et par la lettre de Henderson, Albert Thomas et Vandervelde, voilà enfin le Soviet obligé de préciser sa formule. La présente étude paraît indiquer qu'il sera passablement embarrassé.

Car dans le Soviet se poursuit une lutte confuse entre deux groupes aux idées diamétralement opposées : ceux qui donnent leur plein sens aux mots « sans annexions », et qui font bon marché du droit des peuples — et ceux qui veulent réaliser le droit des peuples, et qui interprètent « sans annexions » de manière à n'y pas faire obstacle. Il semble que la foule des délégués oscille entre ces deux groupes sans se fixer, attirée, sans doute, vers le meilleur par la grandeur et la beauté du but, par la confiance personnelle dans les hommes qui le composent, par la raison et le sens démocratique — mais aussi constamment ramenée vers l'autre groupe par des motifs secondaires, que les habiles savent faire agir tour à tour sur les esprits : l'espérance illusoire de hâter la paix, les suspicions à l'égard des gouvernements et des partis socialistes alliés, les interprétations de l'histoire et des formules doctrinales les plus favorables aux socialistes allemands. Sous ces trois têtes de chapitre, les thèmes se diversifient prodigieusement, et chacun prend une importance passagère, au hasard des informations nouvelles dont la lumière trouble, projetée sur le grand problème de la paix, en modifie plus ou moins l'aspect — tandis que la forme en est immuable, puisque c'est la société des nations que nous avons à construire sur la base du droit des peuples à l'indépendance. L'affirmation de ce programme finit par être monotone, et la nécessité de combattre au jour le jour des objections spécieuses, souvent éphémères, mais toujours renaissantes, met les socialistes à conviction ferme dans l'obligation de se défendre constamment sur le terrain choisi par leurs adversaires. Leur démonstration est toujours à recommencer. D'autant plus ont-ils besoin de clarté.

Or, il n'est pas douteux que les socialistes russes les plus résolus à obtenir la paix vraiment satisfaisante sont les plus influents. Kerensky était membre du premier gouvernement provisoire, et en a contresigné les actes essentiels. Il a été le médiateur principal entre le ministère et le Soviet pour la formation du second gouvernement provisoire. Il est partisan de la continuation active de la guerre, et il la prépare. On sait que sa popularité est croissante. Les autres ministres socialistes dont le Soviet a consenti l'entrée dans le nouveau gouvernement sont aussi parmi les partisans les plus résolus de l'offensive. Tseretelli Tchernov ont été particulièrement nets et vigoureux. Skobelev est aussi pour une offensive qui libérerait la Belgique et la Serbie. Il est clair que la majorité du Soviet, si elle n'est pas pleinement d'accord avec les ministres qu'elle a elle-même délégués, du moins incline dans le sens de leurs idées.

Malheureusement, on ne saurait aller au-delà de cette affirmation, car la masse du Soviet est amorphe et d'opinion indécise. Il semble que beaucoup de délégués n'ont pas un clair sentiment de leur responsabilité, ni ne sentent le besoin d'aboutir à une action. Ils prennent ce qui leur plaît dans les thèses les plus opposées. Il était évidemment très difficile de leur faire accepter une formule exclusive de toute équivoque.

Mais l'opinion russe, autant qu'elle peut être connue, paraît être beaucoup plus ferme que celle du Soviet. Celle de toute la partie de la population qui, d'après l'ancienne loi électorale, contribuait le plus à l'élection des membres de la Douma, n'est pas douteuse, puisque la Douma n'a pas cessé depuis le commencement de la guerre d'être à peu près unanime pour concerter son action dans l'intérêt de la victoire. Les zemstvos et les municipalités n'ont pas montré moins de dévouement. Le haut commandement et les officiers — les traîtres et les prévaricateurs mis à part — ont été partisans de la révolution et y ont contribué, précisément parce que l'ancien régime entravait la conduite de la guerre. Les multiples Congrès tenus depuis la révolution, s'ils ont accepté le mot d'ordre du Soviet de Petrograd, l'ont toujours modifié plus ou moins dans le sens belliqueux. Il reste à interroger la grande masse des paysans. On sait qu'ils représentent plus de soixante-dix pour cent de la population en Russie. Est-il vrai, comme on l'a dit, qu'ils considèrent la guerre actuelle comme une guerre nationale ? Et, même si cela fut vrai, au début, la lassitude n'a-t-elle pas vaincu leur bonne volonté ? Ils n'ont guère le moyen de faire connaître leur opinion. Mais, justement, le Congrès des paysans vient d'avoir lieu. Il a élu son Comité exécutif. En tête, vient Tchernov, ministre de l'Agriculture, évidemment parce que son programme agraire a convenu au Congrès. Il est probable, cependant, que les paysans ne l'auraient pas élu, s'ils avaient été hostiles à l'offensive, qu'il préconise. Et les deux élus suivants sont Catherine Breshkovskaïa, la « grand-mère » de la révolution, très « belliqueuse », et Kerensky. C'est une indication très nette en faveur de la guerre.

Ceci donne bien l'impression que le Soviet n'est pas le représentant fidèle de la masse du peuple russe. Des intrigues, des menées obscures s'y sont produites, souvent dans les élections mêmes des délégués — intrigues et menées auxquelles échappait plus facilement un congrès de paysans.

La force du Soviet, si considérable qu'elle soit à l'heure actuelle, est donc assez précaire. Ses résolutions inspirent encore celles qui sont émises par les congrès divers qui se multiplient dans toute la Russie. Mais des nuances appréciables montrent que le Soviet, dans son ensemble, est plus près des extrémistes que le reste de la nation. Non seulement son pouvoir tombera, lorsque sera élue la Constituante, qui désignera le gouvernement chargé de signer le traité de paix, mais dès maintenant son pouvoir est factice et, par conséquent, précaire — du moins, s'il veut l'exercer arbitrairement, sans se soucier de demeurer en accord avec la nation. C'est le rôle naturel d'un gouvernement révolutionnaire d'entraîner la nation vers des solutions hardies, mais il compromettrait cette action même s'il venait à se mettre en opposition visible avec le sentiment général. Le Soviet en est là, ou bien près. En attendant la Constituante, la vraie force de la Russie révolutionnaire est dans le gouvernement provisoire mixte, uni par la volonté commune de sauver la révolution et de mener vigoureusement la guerre. Il est paralysé par le Soviet, et s'efforce de le convaincre.

Les socialistes français ne doivent pas se mettre à la remorque du Soviet. Ils n'ont pas à se réclamer, vis-à-vis de lui, de la supériorité, réelle, cependant, que leur donne une plus longue tradition démocratique et révolutionnaire.

Mais ils n'ont pas davantage à lui témoigner je ne sais quelle déférence socialiste particulière parce que la guerre a enfin créé les circonstances qui ont rendu possible la révolution russe. Les socialistes alliés ont reçu du Soviet une invitation inacceptable. Ils n'avaient qu'à dire pourquoi elle est inacceptable. D'abord, parce que la formule russe relative à la paix est équivoque. Ensuite parce qu'aucune réunion de l'Internationale n'est possible si elle n'a pas pour premier objet la condamnation de la social-démocratie allemande. Enfin parce qu'il n'est pas possible de se soumettre, par un engagement préalable, aux décisions d'une Internationale qui aura besoin d'être purifiée. C'est à peu près ce qu'ont dit les trois ministres socialistes.

Parlant ainsi, honnêtement et sans habileté, les socialistes alliés ne retarderont pas d'une heure l'offensive que les Russes finiront bien d'être obligés de prendre, pour sauver leur révolution, qu'il compromettent. Au contraire, c'est le moyen d'abréger des conversations qui prolongent la guerre et ne peuvent la terminer.

Certes, il est étrange, pour des socialistes, de s'affirmer belliqueux. L'offensive est pourtant nécessaire. Il faut que le Soviet se décide à le reconnaître.

Alors la révolution russe, ayant contribué à la paix des nations, sera puissante à l'intérieur, et rien n'affaiblira plus la vertu de son exemple.

16 Juin 1917.

IMP. COURMONT, PARIS

Comité de Propagande Socialiste pour la Défense Nationale

Le Comité de propagande socialiste pour la défense nationale se propose de développer et d'employer à la défense nationale toutes les forces morales et intellectuelles que renferme le socialisme.

Il se propose de contribuer à la défense nationale par la propagation des idées que la doctrine et la pratique socialistes mettent à la disposition de la nation qui lutte pour son existence, pour son indépendance, pour son droit.

Il se propose de fortifier la défense nationale en affermissant la conscience des Français auxquels le socialisme a appris que l'autonomie des nations et la justice internationale sont les deux termes d'une synthèse nécessaire, et en démontrant à ceux qui ne sont pas encore socialistes les raisons à la fois nationales et humaines qui commandent le devoir d'assurer la défense et la victoire du pays.

PUBLICATIONS DU COMITÉ ACTUELLEMENT PARUES :

La Devoir	0 fr. 15
Les Socialistes dans la Nation et pour la Nation	0 fr. 25
Pourquoi nous détestons et pourquoi nous voulons détruire le militarisme allemand	0 fr. 20
C'est vous qui avez voulu la guerre !	0 fr. 25
Héros laïques	0 fr. 20
Le Règlement. — I. La Paix française	0 fr. 25
Le Règlement. — II. Les Garanties	0 fr. 25
Alsace-Lorraine	0 fr. 25
Vandervelde : La guerre	0 fr. 40
La signification morale de la guerre	0 fr. 20

SIÈGE SOCIAL DU COMITÉ :

9, rue du Val-de-Grâce. — PARIS.

Secrétaire-Trésorier : Léon ROSENTHAL.

Conseil de Direction :

L. DURREUILH, A. GROUSSIER, P. LANGEVIN,
J. LEBAS, E. MILHAUD.

Extrait de l'HUMANITÉ du 21 Juillet 1916

« Pour atteindre son but, le C. P. S.-D. N. puise son inspiration et cherche ses directions dans la doctrine et dans les décisions du Parti. Sa volonté est profondément, essentiellement unitaire : sa ligne est simple et droite. Son objet est de tirer du socialisme lui-même, force de pensée et force d'action, les énergies de pensée et d'action nécessaires à la défense nationale, c'est-à-dire à l'existence de la nation où le socialisme agit et se développe.

« Pour cette œuvre, le C. P. S. D. N. est partie intégrante du Parti. Il travaille en lui, par lui et pour lui. Pour accomplir sa tâche, il se constitue et se spécialise ; mais, en même temps, il se subordonne, et il trouve dans sa discipline une règle qui, sans entraver la liberté de sa pensée, assure une valeur collective à son activité.

« Le C. P. S. D. N. se propose de fournir au Parti, pour la guerre à laquelle il participe de toute son énergie, les munitions intellectuelles et morales qui ne sont pas moins indispensables au succès que les munitions de fer et d'acier.

« Il trouve dans la doctrine éternelle du Parti et dans ses résolutions renouvelées les règles durables de son action. Aux soldats qui se battent à la fois pour la France et pour l'idéal socialiste, aux citoyens qui maintiennent inséparables la défense nationale et les intérêts des travailleurs, il apporte le réconfort et l'encouragement des idées claires, des raisons sûres, des faits certains ».